Der Knoten im Taschentuch
Ansichtssachen, auch zum Lachen

Gedichte und Zeichnungen von Martha Küsters

IMPRESSUM

Bibliografische Information der Deutschen Bibliothek
Die Deutsche Bibliothek verzeichnet diese Publikation in der Deutschen Nationalbibliografie; detaillierte bibliografische Daten sind im Internet über www.dnb.de abrufbar.

1. Auflage, Kempen 2024

Lektorat: Hans-Jürgen van der Gieth, Kempen
Gestaltung: Inside Grafik, Kempen

Printed in Europe

ISBN 978-3-947984-26-8

DER KNOTEN IM TASCHENTUCH

Ansichtssachen, auch zum Lachen

Gedichte und Zeichnungen
von Martha Küsters

VORWORT

Liebe Leserin, lieber Leser!

Als in Europa noch der 2. Weltkrieg tobte, wurde ich Anfang 1944 geboren. In der Nähe von Aachen wuchs ich in ländlicher Umgebung auf. Heute lebe ich mit meinem Lebensgefährten in Tönisvorst und Krefeld am Niederrhein. Sowohl in der elterlichen Gaststätte als später auch in meiner langjährigen Anstellung als Uhren- und Schmuck-Fachverkäuferin hatte ich stets viel Kontakt zu Menschen. Dabei hörte ich gerne und interessiert ihren Geschichten als aufmerksame und geduldige Zuhörerin zu. Hierdurch angeregt, schrieb ich die eine oder andere Geschichte auf und illustrierte sie mit meinen Zeichnungen. Seit meiner Kindheit füllten sich auf diese Weise einige Notizbücher mit so manchen lustigen und denkwürdigen Anekdoten. Da ich mich schon früh für klassische Balladen interessierte, entwickelte ich eine Liebe zu Reimen und Gedichten.

Anregungen zum Schreiben und Zeichnen erhielt ich auch durch zahlreiche Reisen nach Afrika, wo eines meiner Kinder – ich bin Mutter von zwei Töchtern – in der Entwicklungshilfe tätig war. Die dort gemachten Eindrücke habe ich in meinem ersten Buch „Afrika, wie ich es sah“ festgehalten.

In diesem Buch „Der Knoten im Taschentuch“ sind nun zahlreiche Betrachtungen und Ansichten zu verschiedenen Themen des Lebens auf unterschiedliche Weise versammelt. Bei meinen Texten und auch Zeichnungen spielt immer eine Prise Humor eine wichtige Rolle.

Ich wünsche Ihnen eine erbauliche Lektüre und hoffe, dass ich Ihnen mit meinen Texten und Zeichnungen das eine oder andere Mal ein Lächeln ins Gesicht zaubern kann.

Ihre Martha Küsters

INHALT

Was heißt Leben?

Leben heißt aufbrechen,
sich immer wieder einlassen
auf Unbekanntes,
auf neue Erfahrungen,
Gedanken und Empfindungen.

Die Kunst

Die Kunst, sie soll doch fröhlich sein
und heiter auch erscheinen.
Lachen und Freude möglich sein,
sonst wäre sie zum Weinen.

In mir jedoch kein Schiller steckt,
kein Rilke oder Heine,
die große Welt mich nicht entdeckt,
doch mir genügt die kleine.

Ich dichte gerne, finde Reime
für Jung und Alt, für Groß und Klein,
zu Jahreszeiten im Kalender,
von Januar bis zum Dezember.

Wenn aus dem Leben ich berichte,
klingt es poetisch im Gedichte.
Von Menschen, Sachen, Tieren, Pflanzen,
aus unserer Welt, vom Großen, Ganzen.

Gedanken zum Älterwerden

Die Zeit vergeht und rennt,
als hätt' sie tausend Beine.

Die Uhr nie steht,
auch diese rennt,
wir altern von alleine.

So richte dich in Grenzen ein
und kannst dabei recht fröhlich sein!

Alte Zeiten

Wenn ich von alten Zeiten träume,
weiß ich nicht, was ich versäume.

Natürlich kann man sich besinnen,
über Vergangenes viel spinnen,
den alten Zeiten nachzutrauern
und das Heutige bedauern.

Lieber doch nach vorne sehen,
sonst bleibst du in dem Gestern stehen.
Webe dir ganz neue Fäden
für die Zukunft, für das Leben!

Weisheiten

Willst du schlau sein wie ein Fuchs,
auf der Hut sein wie ein Luchs,
stur wie ein Esel, dumm wie ein Schwein,
oder so klug wie die Elster sein?

Bist du fett wie eine Sau
oder gar oft veilchenblau?
Bist arm wie eine Kirchenmaus
und traust dich aus dem Haus nicht raus?
Verprügelt man dich wie ein Hund,
wäre das äußerst ungesund!

Darum sei ständig auf der Hut,
Vergleiche tun nur selten gut.
Forme dir Persönlichkeit,
dann bringst du es im Leben weit!

Von Jahr zu Jahr

Am Neujahrstag, im Januar,
schau'n wir nach vorn ins neue Jahr.

Auch wenn das alte Jahr sich wehrt,
es ist vorbei, aus und verjährt!

Jahresanfang – Neubeginn,
Jahreswechsel – neuer Sinn,
Jahreszeiten – Jahresringe,
Jahresurlaub – schöne Dinge,
Jahreskarten für Kultur,
für den Sport und die Natur.

Und übers Jahr, am Jahresende,
kommt erneut die Jahreswende.
Wir hoffen, dass wir nichts bereuen
und alle uns aufs Neue freuen!

Der Januar

Der Januar bringt helle Tage,
das neue Licht bricht aus.
Du spürst es schon am Nachmittage,
die Dunkelheit schleicht sich hinaus.

Im Strauch, am kleinen Gartentor,
ein Vogel singt, die Sonne lacht.
Ein Schneeglöckchen lugt schon hervor,
der Tag wird hell, das Licht erwacht.

Frühling

Jetzt wird's Frühling, das ist schön,
kommt, lasst uns nach draußen gehn!

Die Vögel rufen, jubilieren,
es ist vorbei jetzt mit dem Frieren,
denn die zarten Frühlingsglöckchen
leuchten mit den hellen Röckchen.

Die Natur erwacht, es grünt und blüht
und froh wird wieder das Gemüt.

Sommer

Sitzt du lange in der Sonne
ohne Schutz und ohne Schirm,
bräunst du dich mit großer Wonne
und dahin schmilzt dein Gehirn.

Auch um die Haut musst du dich sorgen,
sie bekommt Falten, schon ab morgen.
Drum trage einen Sonnenschirm,
der schützt die Haut und deine Stirn!

Herbst

Im Baumhaus ist unser Versteck
durch dichtes Blattwerk unentdeckt.
Jedoch der Herbstwind, aufgefrischt,
weht ab das Laub, wir sind erwischt!
Durch dieses wüste Sturmgebrause
hat das Versteck erst einmal Pause.

Winter

Wenn es draußen friert und schneit,
zeigt der Kalender Winterzeit.
Im Winter, am Kamin gemütlich,
wir traulich taten uns sehr gütlich.
Mein Schatz sagt: „Lass mich dich doch wärmen,
dann wirst du vom Kamin nicht schwärmen!"

Jahreszeiten unterm Baum

Im Frühjahr sitz‘ ich mit dem Schätzchen
auf einer Bank im Sonnenplätzchen.

Im Sommer such’ ich Schattenplätzchen,
sitz’ gern im Kühlen mit dem Schätzchen.

Im Herbst, da weht der Wind so sehr,
fegt Sonn- und Schattenplätzchen leer.

Im Winter sitz ich mit dem Schätzchen,
am Weihnachtsbaum und esse Plätzchen.

Das Theater

Im Theater, in den Hallen,
klingt es oft zum Wohlgefallen.
Frohsinn und Epos auf den Brettern,
die Manuskripte auf den Blättern.

Was alles im Programmheft steht
sich nachher auf der Bühne dreht:
Dramen, Schauspiel und Tragödien,
Musik, Ballett und auch Komödien.

Dramen berichten oft von Damen,
die sich den falschen Prinzen nahmen.

Das Schauspiel ragt mit sehr viel Pathos heraus,
manch' Hörer geht schon in der Pause nach Haus.

Tragödien gab's in der Antike schon,
gekämpft wurde ständig um Macht und Thron.

Die Komödien amüsant,
Wechselspiele sind bekannt.
Dirigenten, Regisseure,
Sinfonieorchester, Chöre,

Streicher, Bläser, Klarinetten,
spielen Opern, Operetten.

In der Oper fließt Blut in Strömen,
Verletzte, Tote, kein Versöhnen.
Die Operette, meist froh und heiter,
alle leben glücklich weiter.

Katzen, Phantome, Biester und Schöne,
bringen Musicals in Szene.
Das Ballet, es tanzt und schwebt,
dass es Herz und Sinne hebt.

Neun Musen verschenken ihre Küsse,
bescheren die vielen Klanggenüsse.
So sind sie eine Himmelsmacht,
es klingt in uns, es weint und lacht.

Die Sprache

Unsere Sprache ist ein Schatz,
sie benötigt Raum und Platz.

Hüten wir sie vor Verbiegung,
zeigen deutlich Sinn und Fügung,
geben an die richtige Stelle
den Gebrauch aller vier Fälle.

Im ganzen Land – Nord, Ost, West, Süd,
sind viel zu wenige bemüht
die Fälle sauber auszusprechen,
dieses wird sich später rächen.

Wer und wessen, wem und wen,
sprechen sich oft unbequem.

Den „Wemm sing Fall und Dömm sing Fall“
benutzt der Rheinländer überall.
„Wemm sing Jack ist dat?“
„Dat ist dem Papp sing Jack!“

Unsere Jugend sucht hier heil
mit „Äh“ und „Häh“ und „Doof“ und „Geil“.

Anglizismen, wie wir wissen,
können wir doch gerne missen.
Sternchen, Stiche, dieser Mist,
bereichert uns're Sprache nicht.

Geben wir dem Sprachenschatz
von Dichtern, Denkern wieder Platz.
Darum müssen wir uns kümmern,
sonst liegt die Sprache bald in Trümmern.

Der arme Poet

Feingeist aus dem Poeten spricht,
doch reich an Geld, das wird er nicht!

Ob er träume oder wache,
ständig ist er bei der Sache.
Immer schwirren Verse, Worte
durch seinen Kopf, an jedem Orte.

Die Musen, die ihn oft beglücken,
ihn schweben lassen und entzücken
und ebenfalls dramatisch quälen,
sie leiten ihn, er kann nicht wählen.

Oft klingt es geistreich, mit Sinn und Wonne,
bei ihm scheint auch im Regen Sonne.

Im Musenreich liegt seine Welt,
voll Poesie, doch ohne Geld.

Arroganz der Chormitglieder

Wir fühlen uns als Chormitglieder
und singen uns're eigenen Lieder.
Nur, dass unser Dirigent
den Klang der Lieder nicht erkennt.

Er probt mit uns und ist bemüht,
von Mal zu Mal wird er betrübt.

Er klopft verärgert auf sein Pult
und ringt doch sehr mit der Geduld.
Erschöpft und konsterniert ruft er:
„Jetzt zeigt mal eure Noten her!“

Ihr seid im Chor die „Komponisten“,
euch werd' ich streichen von den Listen!

Ein galanter Tänzer

„Liebe Dame, darf ich's wagen,
Sie um einen Tanz zu fragen?“

Für die Seele, für das Herz,
ein Tänzchen nimmt hinfort den Schmerz.
Rücken, Hüfte, Knie und Beine,
alles schwingt von ganz alleine.

Bei dem Tänzchen, liebe Dame,
nehm' ich sie wiegend in die Arme
und wir genießen eine Zeit
in beseelter Heiterkeit.

Mit Musik im Rhythmus schweben,
so die Leichtigkeit erleben.
Lässt uns schwingen, tragen, weiten
und dem Augenblick entgleiten.

Und die Dame wagt es gern,
sie tanzt nur noch mit diesem Herrn.

Die Dichtkunst

Gedichte, das sind Stimmungsleiter,
mal sind sie ernst, mal sind sie heiter.

Gefühle lassen sich beschreiben
von Lebensfreude, Sehnsucht, Leiden.

Die Musen geben ihre Kunde
in froher und in ernster Stunde.

Die zwölf Sternzeichen

Der Steinbock

22. Dezember – 20. Januar

Der Steinbock ist ein Richtungsleiter
und ein verlässlicher Begleiter.
Das sollte aber nicht verwirren,
auch Steinböcke, sie können irren.

Der Wassermann

21. Januar – 19. Februar

Der Wassermann, die Wasserfrau,
die spießen gezielt und sehr genau
den Schatz mit der Harpune auf.
Das Schicksal nehme seinen Lauf.

Die Fische

20. Februar – 20. März

Dichter, Denker und Poeten
sind bei den Fischen oft vertreten.
Wenn alle Musen sie dann küssen,
sie ab- und untertauchen müssen.

Der Widder

21. März – 20. April

Der Widder, der ist ein Stratege,
dem steht man lieber nicht im Wege.
Er sieht stets alles sonnenklar,
auch wenn es dann ein Irrtum war.

Der Stier

21. April. – 20. Mai

Der Stier, das ist ein Realist,
doch macht er oft den größten Mist.
Er sieht schnell rot und kommt in Fahrt,
das ist so nicht die feinste Art.

Der Zwilling

21. Mai – 21. Juni

Ein Zwilling kann sich schwer entscheiden,
wer richtungsgebend ist von beiden.
Der eine meint nach rechts, da ging's,
der andere will den Weg nach links.

Der Krebs

22. Juni – 22. Juli

Der Krebs ist sehr sensibel,
das nimmt man ihm oft übel.
Auch, dass er sich nicht gern verteidigt,
läuft quer hinfort und ist beleidigt.

Der Löwe

23. Juli – 23. August

Der Löwe droht und brüllt
und gibt sich mächtig wild.
Doch das sind seine Mätzchen,
schnell schnurrt er wie ein Kätzchen.

Die Jungfrau

24. August – 23. September

Die Jungfrau ist geteilter Ansicht,
wenn es um Ordnung geht und Pflicht.
Die eine putzt, macht alles rein,
die andere lässt es lieber sein …

Die Waage

24. September – 23. Oktober

Die Waage pendelt hin und her,
wiegt Recht und Unrecht, das ist schwer.
Sie muss das Bös`vom Guten trennen,
doch oft kann sie das nicht erkennen.

Der Skorpion

24. Oktober – 22. November

Beim Skorpion nimm dich in Acht,
was er mit seinem Stachel macht.
Doch willst du ihm gefügig sein,
dann zieht er seinen Stachel ein.

Der Schütze

23. November – 21. Dezember

Der Schütze schießt gern übers Ziel
und zeigt dabei sehr viel Gefühl.
Denn einmal ins Visier genommen,
willst du ihm dann nicht mehr entkommen.

Die Tugenden

Alle Tugenden der Welt
sind für Gutes aufgestellt.

Steht vor Moralbegriffen „Un“
dreht die Begrifflichkeit sich um.

Mit einer winzigen Nuance,
verliert der Unsinn die Balance.

Optimist und Pessimist

Der Optimist sagt ohne Groll:
„Mein Glas, das ist doch noch halb voll.“

Der Pessimist, der klagt doch sehr:
„Mein Glas, das ist bereits halb leer.“

Obwohl der Inhalt gleich geblieben,
sind ihre Ansichten verschieden.

AUS DEM LEBEN

Der Liebesbrief

Weil die Liebste ihn verlassen,
musste er einen Brief verfassen.

Klagte darin sein Herzeleid,
sehr kummervoll, ganz ohne Freud.

„Du bist doch all mein Lebensglück,
drum bitt' ich dich, komm' doch zurück.
Sei wieder meines Herzens Wonne
und sei versöhnt, du meine Sonne."

Er wartet täglich auf ihr Zeichen,
dass sein Brief sie wird erweichen.
Und nach sehnsuchtsvoller Zeit,
bringt sein Brief Glückseligkeit.

Der Brief ohne Inhalt

Ich sitze vor einem Blatt Papier,
es ist noch leer und liegt vor mir.
Möchte es mit Schrift versehen,
doch bisher ist noch nichts geschehen.

Was schreib' ich nur, hab' keine Ahnung
und keine Spur von einer Planung.
So schreibe ich nun Wort für Wort
und Satz für Satz in einem fort.

Das Blatt, es füllt sich, mehr und mehr,
jedoch der Inhalt gibt nichts her.
So ist's bei Rednern zu beklagen,
die trotz vieler Worte gar nichts sagen.

Nun ist das Blatt schon vollgeschrieben,
nur – inhaltslos – ist es geblieben.

Der müde Mut

Vom mutig sein sehr müd‘ geworden
sank der Mut in seine Knie.
Heute drückten ihn die Sorgen,
so mutlos war er doch noch nie!
Da hockt er nun, fühlt sich verlassen
und kann sein Elend gar nicht fassen.
Und wie der Mut am Boden liegt,
hat eine Maus das mitgekriegt.
So, wie nun mal die Mäuse sind,
hat sie darauf flink und geschwind
den Mut ganz fest ins Ohr gezwickt.
Der Mut erschrickt.
Er bäumt sich auf, wird groß und kräftig
und seine Zuversicht wird mächtig.
So komme, was da kommen mag:
Ich bin jetzt mutig, Nacht und Tag!

So komme jetzt, was kommen mag,
bin wieder mutig Nacht und Tag.

Der Knoten im Taschentuch

Ach, wie ich es doch verfluche,
ständig bin ich auf der Suche
nach den Sachen, die verschwinden,
sie sind einfach nicht zu finden.

Heute suchte ich die Schlüssel,
legte sie in eine Schüssel
gestern auf den Küchenschrank.
Jetzt sind sie fort, das macht mich krank!

Mein Kopf ist leer, mir fehl'n die Worte,
morgen suche ich Namen, Orte.

Eine Lösung, die muss her:
Wer, wo, was? – So geht's nicht mehr!

So habe ich mir über Nacht
einen Plan hier ausgedacht:

Damit ich nicht mehr länger such',
nehme ich ein Taschentuch,
in das ich Knoten mir nun binde
als Stütze das Gesuchte finde.

In diesem Plan auch Tücken stecken,
ein Taschentuch, das hat vier Ecken,
und dann fällt mir nicht mehr ein,
wofür sollen die Knoten sein?

Ein guter Rat ist hier geboten,
ich mach' ins Tuch nur einen Knoten.

Nur dieser Knoten ganz allein
kann die Gedächtnisstütze sein!

Das Lieblingsstück

„Diese Hose ist die schönste
und dazu noch die bequemste“,
sagt mein Mann.
Daher sich mein lieber Mann
ungern von ihr trennen kann.

Die Taschen, die sind abgerissen
und am Knie ist sie verschlissen.
Am Hinterteil, da schlägt sie Beulen,
ihr Anblick ist ja doch zum Heulen.

So flick ich diese Lieblingshose,
an der alle Knöpfe lose,
so gut ich kann.

Ich nähe lange an der Ruine,
mein Mann macht eine heitere Mine
und ist von meinem Werk beglückt.
Ich hasse dieses „Lieblingsstück!“

„Mein lieber Mann, so höre,
beim nächsten Riss ich es dann pack'
und steck' es in den Kleidersack,
ich schwöre!"

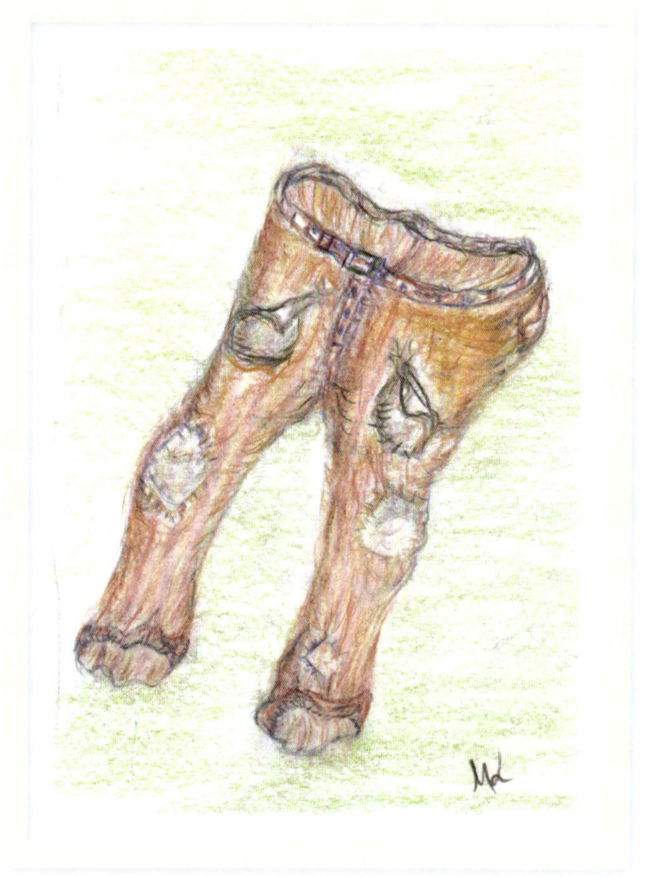

Die Skatbrüder

Vier Spieler sitzen an dem Tisch,
die Karten, die sind gut gemischt.
„Geben, hören, sagen“,
sie sich anfangs fragen.

Im Skat, da sind die Spieler Brüder,
sie kloppen die Karten und dreschen sie nieder.
Gereizt wird: „18 – 20 – 2 – 0 – 4!“
Sie spielen am liebsten nur um Bier.

Beim Spiel sind alle konzentriert,
da jeder Stich wird registriert.
Mit 61 Punkten bist du Sieger,
mit 60 freuen sich die Brüder.

Auch Regeln gibt es, die bekannt:
Dem Feinde kurz, dem Freunde lang
und – je nach Spiel – im Kreis herum
dreht man die Regel einfach um.

Ein Spieler will den Solo packen,
zwei andere sitzen ihm im Nacken.
Und wie die Karten manchmal sitzen,
gerät der Solomann ins Schwitzen.

Die Trümpfe saßen schlecht verteilt,
der Spieler hat sein Spiel vergeigt.
Das Spiel, das ging den Bach hinunter,
das macht die Gegenspieler munter.

Ein anderer spielt den Grand mit Vieren,
er will sein Großspiel nicht verlieren
und zählt die Punkte, Stich um Stich,
hat – 50 – nur, das reicht noch nicht.

Beim letzten Stich ist er entspannt,
er hält ein Ass in Hinterhand.
„Ei, das genügt, ihr Brüder schaut,
ich hab' gewonnen!", ruft er laut.

Das gute Blatt verdient ein Bier:
„Kommt Brüder, prost, und trinkt mit mir!"

Ob Solo, Grand oder Null-Ouvert,
ein Skatspiel ist den Abend wert.
Sollte doch einer haushoch verlieren,
schleicht er nach Haus auf allen Vieren.

Ein Grappachen

Ein Grappachen
für's Pappachen
und mehr noch
trinkt er aus.

Dann schleicht sich doch
ein Datterchen
zu Mamachen
nach Haus.

Doch Mamachen
ist Tattachen
mit ihrem Nachbarn
Klaus.

Der Berater

Ich,
dein Vater
als Berater,
rate dir,
trink kein Bier,
denke an den Kater!

Ich,
dein Kater,
als Geplagter,
sage dir,
lass‘ das Bier,
denke an den Vater!

Der Ohrwurm

Der Ohrwurm kriecht durch dein Gehirn,
den ganzen Tag durch deine Stirn.

Er brummt und lässt dir keine Ruh,
bis abends, du machst die Augen zu.

Doch morgens, wenn du dann erwachst,
hat er sich aus dem Staub gemacht.

Barfuß durch das Gras

Ich gehe barfuß durch das Gras
und dichte dabei dies und das.
Die Sonne scheint mir warm entgegen,
den Füßen kommt es sehr gelegen.

Doch dann ein Schmerz, so wie ein Blitz,
ein Glas hat meinen Fuß geritzt.
Es schüttelt mich so arg die Pein
und lasse flugs das Reimen sein.

Erkenntnis:
Die Augen sollen dich stets lenken,
beim Barfußgehen und beim Denken.

Sonnenbaden

Wie sich doch die Zeiten wandeln
mit Sonnenbaden und im Handeln!
Wer vornehm blass war, hatte Geld,
wer braun gebrannt war, ging aufs Feld.

Die Bräune ist heut’ ein Markenzeichen
für die Schönen und die Reichen.

An Stränden liegen sie im Sand
und braten sich um den Verstand.
Sowohl der Geist als auch der Sinn
geht verloren, schmilzt dahin.

Die Haut wird zu Leder, zu einem alten,
sie trocknet nur aus, legt sich in Falten.

Daher genieße das Sonnenbaden
nur kurze Zeit, das kann nicht schaden.
Dein Kopf bleibt helle, frisch dein Gesicht,
die Faltencreme, die brauchst du nicht.

SACHEN GIBT'S …

Der Radfahrer

Im Märzen der Radler sein Rädchen anspannt,
er holt‘s aus dem Schuppen, er will jetzt durchs Land.
Zu lange hat er hinter dem Ofen gehockt,
jetzt spannt er die Muskeln, die Piste, sie lockt.

Die Klingel, die Bremsen, sie werden geprüft,
weil sonst mit der Nase das Pflaster er pflügt.
Die Reifen der Räder mit viel Luft bestückt,
die Kette geschmiert und in Spannung gerückt.

Zuletzt werden Bleche und Speichen poliert,
ein schickes Trikot das Ensemble ziert.
Dann wird über Karten und Strecken gehockt:
Auf, in die Pedale, die Piste, sie lockt.

Das „Navi“

Suchst du einen fernen Ort,
der unbekannt und sehr weit fort,
oder gar ein fremdes Land,
welches dir ist nicht bekannt.

Musst durch Tunnel, über Stege,
oder sehr entlegene Wege,
wo kein Mensch ist unterwegs,
den du fragen kannst, wo geht's:
Denn nach links oder nach rechts,
geradeaus – wär's auch nicht schlecht?

Fährst du hin und fährst du her,
kreuz und quer, der Tank wird leer.
Alle Nerven liegen blank,
die Lösung kommt hier:
„GOTT, SEI DANK“!

Ein Navi muss jetzt mit an Bord,
damit erreichst du jeden Ort.
Wird es vorher programmiert,
es dich zum letzten Winkel führt.

Alles macht der Automat,
fährst dorthin, wo er es sagt.
Auch wenn die Dame säuselnd spricht,
Schleichwege, jedoch, kennt sie nicht!

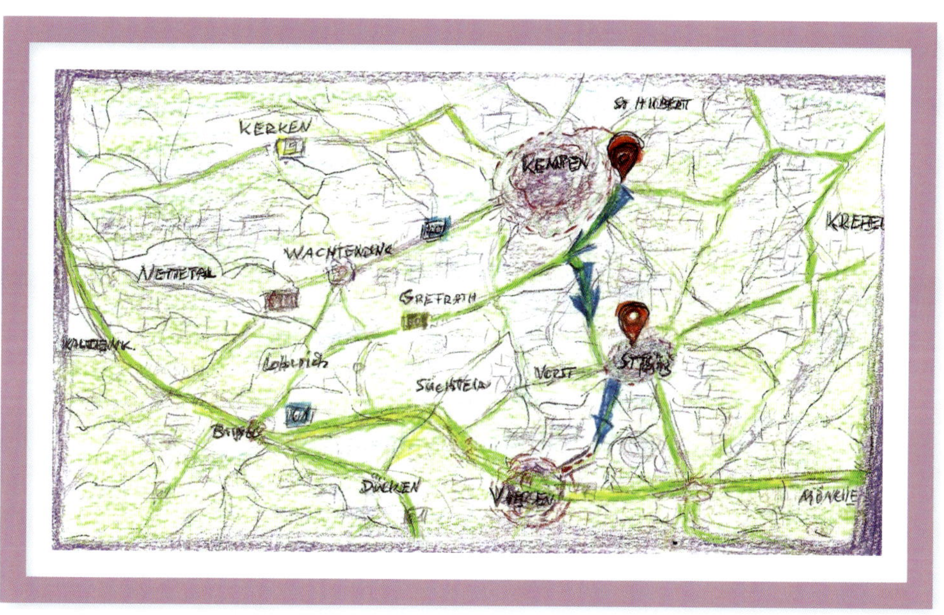

Das Fernglas

Wenn ein Vöglein sitzt im Ast
und du siehst es kaum, nur fast.
Möchtest es so gern erkennen
und es auch beim Namen nennen.

Oder gehst du weit hinaus,
wo Fuchs und Hase sind zu Haus,
und ein Rehlein bleibt scheu steh'n,
möchtest es viel näher seh'n.

Auch ein Wildschwein auf der Lichtung
kommt direkt in deine Richtung.
Steigst hinauf zum hohen Sitz,
siehst du, wie es unten flitzt.

Weit ins Tal und über Höhen
kannst du mit dem Fernglas sehen.
In Feld und Flur und auch im Garten,
erspähst du Tiere vieler Arten.

Nur der Nachbar sieht's nicht gerne,
wenn du schaust ihm zu von ferne.
Und die schöne Nachbarin,
fragt sich: „Was hat der im Sinn?"

Die Fingerhüte

Die Hüte, diese kleinen Dinger
sind nicht für Köpfe, nur für Finger.
Wenn ich beim Löcherstopfen sitze,
schützen sie mir die Fingerspitze.

Auch Schnäpschen aus den kleinen Hüten,
die können mich sehr wohl behüten
vor Magendrücken, als Arznei.
Ich trinke daraus zwei mal drei.

Die Heftzwecke

Gebraucht wird sie zu einem Zwecke,
dass man sie hefte an die Decke.

Befestigt mit ihr Fliegenfänger,
auch Girlanden, lang und länger.

Hält sie nicht und fällt herunter,
zeigt die Spitze hoch mitunter.

Trittst du barfuß in die Zwecke,
gehst du selber an die Decke!

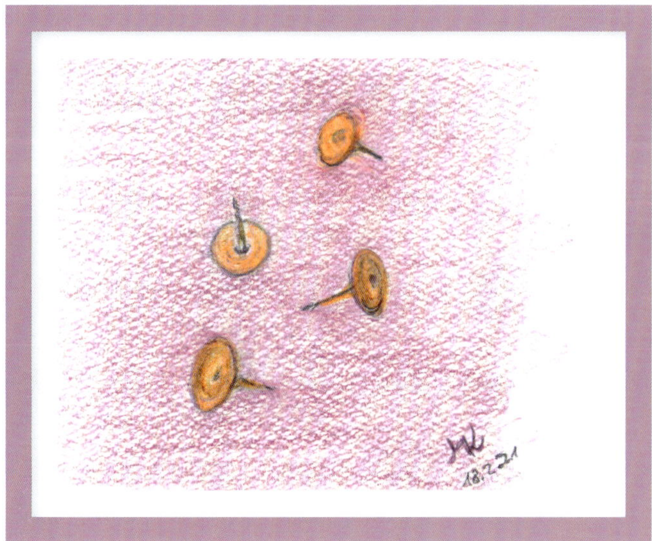

Der Fliegenfänger

Die dicke Fliege an der Wand
fange ich nicht mit hohler Hand!

Mit flinker Fliegenklatsche
sie an die Wand ich matsche.
Dort gibt es einen fiesen Fleck,
den mache ich nur ungern weg.

So hatte ich den Fliegenfänger
an der Decke, lang und länger.
Er ist klebrig, honigsüß,
die Fliege diesen Duft genießt.

Die Fliege klebt, sie kann nicht weg,
an der Wand gibt's keinen Fleck.

Der Schuhanzieher

Der Schuhanzieher ganz bestimmt
anziehend deine Füße find'.

Er schont am Schuh die Hinterkappen,
so nutze ihn, sonst hast du Schlappen!

Das Bügeleisen

Das Bügeleisen glättet Falten,
nur ans Gesicht soll man's nicht halten!

Der Zwiebelmixer

Immer, wenn ich Zwiebel schäle,
öffnen sich bei mir Kanäle.
Tränen aus den Augen fließen,
wahre Bäche sich ergießen.

Auch die Fingerkuppen leiden,
wenn scharfe Messer sie zerschneiden.

Jetzt nehme ich den Zwiebelmixer,
der hackt die Zwiebeln klein und fixer.
Die Augen ohne Tränenfluss,
der Zwiebelkuchen, ein Genuss.

Seitdem steht auf dem Küchenplan
Zwiebelkuchen obenan.
Ein Gläschen Wein zum Wohlgenießen
und wahre Freudentränen fließen.

Kuchenbacken

Heute back' ich einen Kuchen,
einen leichten, zum Versuchen.

Mit Schoko, Eiern, Kirschen, Zucker,
Mehl hinein, doch ohne Butter.
Denn ohne Fett macht er nicht dick,
das ist für die Figur ein Glück.

Jedoch, was ich dabei gleich ahne,
am besten schmeckt er mit viel Sahne!

Die übergekochte Milch

Die Milch kocht über,
der Herd ist verbrannt,
der Topf ist hinüber,
was für ein Gestank!

Das ist bestimmt ein armer Tropf,
der scheuern muss jetzt Herd und Topf.

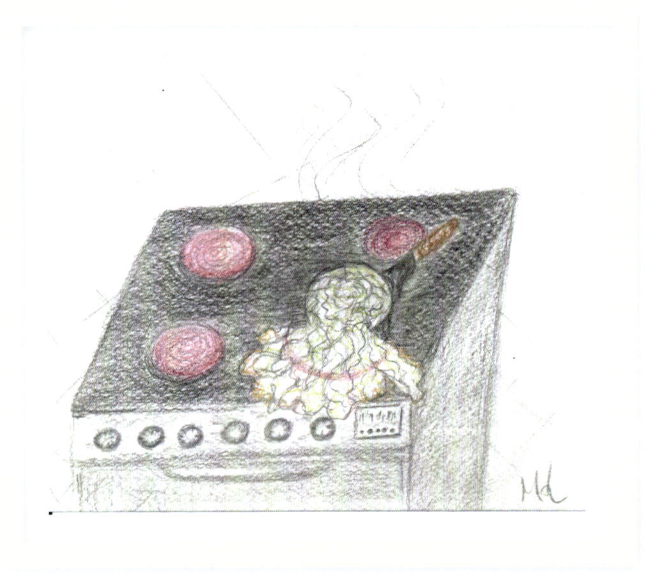

Der Ohrensessel

Ein Ohrensessel, der ist nütze,
hält meinen Kopf und gibt ihm Stütze.
Ein kleines Schläfchen am Tag mitunter,
macht meinen Kopf gleich frisch und munter.

Die Waschmaschine

Als man die Wäsche wusch im Fass,
mit Seife, Waschbrett und Waschrasch,
wurd‘ sie gestampft und eingeweicht,
im Sommer kam sie auf die Bleich‘.

Ein Waschkessel wurd‘ angefeuert,
dazu der Mann mit angeheuert.
Gekocht wurde die Wäsche noch,
das ganze Haus nach Seife roch.

In heiße Lauge die Wäsch‘ gehoben,
im Holzbottich hin- und her geschoben.
Durch die Mangel dann gedreht,
der Schweiß auf jeder Stirne steht.

Gespült wurd’ sie in großen Wannen,
das Wasser floss aus Eimern, Kannen.
Auf die Leinen, sauber, fein,
bei Sonne raus – bei Regen rein!

Was war das eine Plackerei,
diese Arbeit ist jetzt vorbei!
Ein weißes Waschkompaktgerät
heute in jedem Haushalt steht.

Waschmaschine mit Programm,
gibt es nun für Frau und Mann.

Man stopft nur noch die Wäsche rein,
drückt Knöpfe und sie wäscht allein.
Waschen, spülen, schleudern, trocknen,
alles macht sie, zum Frohlocken.

Kann es doch kaum Schöneres geben:
Waschautomaten, welch ein Segen!
Der Fortschritt bahnt sich seinen Weg,
der Waschkram im Museum steht.

Der Uhrenkauf

Eine Uhr, die möcht' ich haben,
schreite flugs zum Uhrenladen.
Ein Verkäufer spricht mich an,
fragt nach meinem Wunsche dann.

Soll das Objekt meiner Begierde
technisch sein oder nur Zierde.
Eine schöne, zarte, kleine,
ach, ich weiß nicht, was für eine!
Er legte vor sein Sortiment,
schwierig wird es dann am End'.

Es gibt Modelle, eckig, runde,
für Tages- oder Feierstunde,
für die Arbeit oder Sport,
im Wasser oder Urlaubsort.
Mit Zeigern, Datum, Digital,
die Entscheidung wird zur Qual.

Endlich habe ich gewählt,
der Verkäufer lacht gequält.
Hab' zum Kauf mich überwunden:
Uhrenkauf, der dauert Stunden!

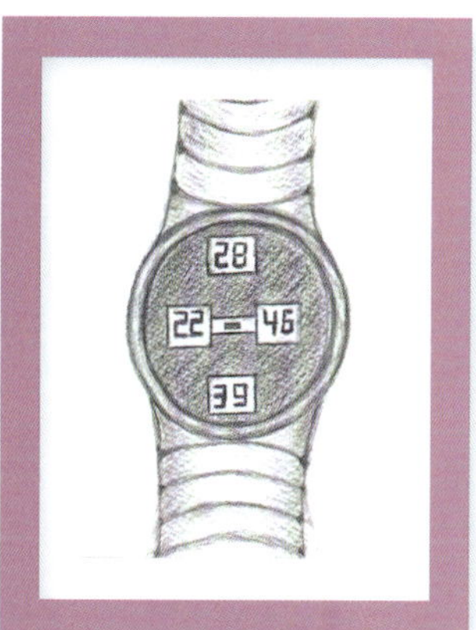

Die gefallene Uhr

Als ich ging am Abend heim,
fiel ich über einen Stein.
Trank ich doch im „Gasthaus Bär“
zu viele volle Gläser leer.

Ach du Schreck, ich knickte weg,
lag nun in dem größten Dreck.
Mein Arm, an dem die Uhr gebunden,
der war verletzt, die Uhr zerschunden.

Ich muss mit ihr zum Meister gehen,
sag ihm: „Die Uhr blieb einfach stehen,
kaufte sie vor ein paar Tagen,
sie ist neu und kaum getragen“.

Er schaut sie mit der Lupe an,
schüttelt den Kopf, sagt: „Guter Mann,
die Uhr, die muss gefallen sein,
einfach Stillstand, das kann nicht sein.
Ich würde diesen Stein befragen,
auf den sie ihre Uhr geschlagen!“

Er sah es auf den ersten Blick
und gab mir meine Uhr zurück.
Die Röte stieg mir ins Gesicht,
belügen, nein, ließ er sich nicht!

Der Uhrmacher

Wenn das Uhrwerk nicht mehr will
und es steht und bleibt ganz still,
hörst kein Ticken und kein Tacken,
schleppt kein Zeiger und kein Haken,
rappelt, klappert es darin,
schütteln, klopfen macht keinen Sinn.

Die Uhrzeit zeigt es gar nicht mehr,
bringst es schnell zum Reparateur.
Er nimmt die Lupe an sein Auge
und prüft genau, was da nicht tauge.

Er sieht sogleich den Fehler schon:
Die Unruh ist's, daher kein Ton!
Da muss eine neue her,
dann tickt sie wieder, hin und her.

Die Feinmechanik, Präzision,
das ist des Meisters Tradition.
Auf dass sein Handwerk lang er liebe,
für Federn, Unruh und Getriebe!

Im Schmuckgeschäft

Zum Juwelier ein Jüngling strebt,
die junge Dame mit ihm geht.
Er möchte seiner traumhaft Schönen,
den Traum erfüllen, sie verwöhnen.

Sie ist apart, ein hübsches Ding,
wünscht für den Finger einen Ring
mit einem wunderschönen Stein.
Ein Brillantring soll es sein.

Der junge Mann in Spannung blieb,
er ahnte nicht, was bald geschieht.
Nach langem Wählen sie dann fand
den Wunderschönen für ihre Hand.

„Dieser Ring ist wirklich Klasse,
Liebling, geh' schon mal zur Kasse!"

Sein Traum, der war jetzt ausgeträumt
und sein Konto abgeräumt.

Der Trauringkauf

Er sagt zu ihr:
„Mein Schatz,
schließe den Bund mit mir,
ich will das Leben nur mit dir!“

„So lasse uns doch heute finden
ein Paar Ringe, die uns binden.
Edel, fein, aus echtem Golde
sollst du nur tragen, meine Holde.“

„Welchen Ring möchtest du haben,
einen breiten, einen schmalen?
Mir der Schmale hier gefällt,
der ist günstig, für wenig Geld.
Außerdem ist er noch praktisch,
ist dezent und kneift und drückt nicht.“

Sie sagt zu ihm:
„Mein Schatz,
ich möcht' ihn lieber breit
ich hoffe, du bist dazu bereit.
Wenn du jetzt ans Geld schon denkst,
möchte ich dich nicht mal geschenkt.
Den Bund fürs Leben schließe ich
mit einem Geizhals sicher nicht!"

Der Schuhkauf

Heute kaufe ich mir Schuhe,
suche aus, probier' in Ruhe.
Meistens kauf' ich sie zu klein,
quetsche mich in sie hinein.

Macht der Schuh mir schöne Waden?
Schreite mit ihm durch den Laden.
Ach, was ist der elegant,
kostet auch so allerhand!

Ich greife tief ins Portemonnaie,
nach kurzer Zeit – der Schuh tut weh!
An den Fersen sind schon Beulen,
Schuhkauf – ist ja doch zum Heulen!

Was lehrt uns das beim Schuhekaufen?
In größeren kann man besser laufen!
Auch wenn sie nicht so schick erscheinen,
die kleinen bringen dich zum Weinen!

Kaufe Schuhe nicht zu klein,
das spart dir Geld und manche Pein!

Der Taschenkauf

Eine schicke, neue Tasche
kostet einen Haufen „Asche."
Sie ist eine Stil-Ikone,
eine Frau geht niemals ohne!

Feines Leder, Kroko, Lack,
edel, teuer, nach Geschmack.
Denn zu jeder Jahreszeit
wechseln Taschen, Schuhe, Kleid.

Und was kann man alles finden
in den Taschen, in den Gründen?
Hunderttausend wichtige Sachen.
Die Männer finden dies zum Lachen!

Doch manchmal wird ihr Mann sie fragen:
„Darf ich deine Tasche tragen?"
Darüber freut sie sich dann sehr
und vom Preis spricht keiner mehr.

Der Hutkauf

Ein Hütchen kaufe ich mir heute,
denn Hüte tragen feine Leute.
Ein so kesses, fein, in Rot,
es ist kein Sonderangebot.

Mein Mann sagt: „Diese Farbe nicht,
die steht dir gar nicht zu Gesicht!
Nimm den schwarzen, kleinen Hut,
der ist günstig, steht dir gut!“

„Die Farbe schwarz, mein lieber Mann,
die trag’ ich später, irgendwann!
Spare du nicht am falschen Fleck,
sonst laufe ich dir hutlos weg!“

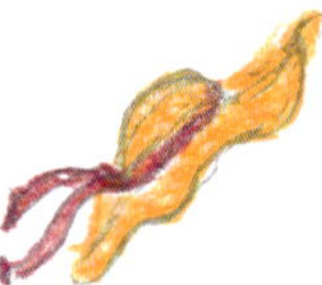

Das Seidentuch

Ein Tuch, das gute Laune macht,
erhellt dir jeden Regentag.
Und auch bei gutem Wetter,
da macht es ihn noch netter!

Das Tuch, das bunt verrückt geglückt,
doch jede Trägerin entzückt.
Das schlichte Kleid wird wieder fein,
denn so ein Tuch schmückt ungemein!

Auch Kopf und Schulter, Hüfte, Hals,
„betucht“ es herrlich, ebenfalls.
Die Seide ist von edlem Charme:
Im Sommer kühl, im Winter warm.

Ein Seidentuch ist unentbehrlich,
zu jeder Jahreszeit begehrlich!

Auf dem Flohmarkt

Wie herrlich diese Schnäppchen sind,
die ich auf dem Flohmarkt find'!
Zuerst möcht' ich ja gar nichts kaufen,
einfach nur so darüberlaufen.

Dort gibt's Stände ohne Ende,
überall, da wühlen Hände
in Klamotten … man kann sagen,
sie sind wie neu und kaum getragen.

Die Verkäufer schreien sich heiser,
einer lauter und keiner leiser.
Ach, was ist das für ein Spaß,
ich kaufe dies und kaufe das.

Am Ende komme ich beglückt,
mit Schnäppchen – hoch bepackt zurück.

Zu Hause komme ich zur Einsicht,
den ganzen Kram, den brauch ich gar nicht.
Beim nächsten Flohmarkt in der Stadt,
verkauf ich ihn selber, mit Rabatt!

Mein Froschkönig

Am Teich, im Sommer, in der Sonne,
liegt „mein Prinz“ mit großer Wonne
auf dem Bauch, schaut Stund‘ um Stund’
hinunter in des Teiches Grund.

Ach, mein Liebster liebt die Frösche,
ich dagegen aber möchte
zu gerne einen Hund, so’n Strolch.
„Mein Prinz“ träumt nur
von Frosch und Molch …

Und ich denk’ in dieser Stund’,
wenn er hinabschaut, in den Grund:
„Küsste ich des Frosches Mund,
wird daraus vielleicht ein Hund?“

Der Fisch

Dies Geschöpf aus Seel' und Flossen
schwimmt und schwimmt stets unverdrossen
durch manch quirliges Gewässer,
wär's ein Vogel, ging's ihm besser?
Der Vogel ist vom Fisch ein Vetter,
der hat es bestimmt nicht netter.

Weiß man nicht so ganz genau!
Fische tauchen, das ist schlau
gerne ab bei Unbehagen,
das ist beim Vogel zu beklagen.

Diese halten ihr Gefieder
hoch 'gen Himmel, singen Lieder,
bei Gefahr gibt's ein Geschrei.
Dem Fisch, dem ist das einerlei!

Er gleitet auf und ab im Fluss,
schwimmt durch das Wasser mit Genuss
und wenn' s ihm hier und da nicht passt,
dann taucht er ab ins tiefe Nass.
Nur auf die Angler muss er achten,
die ihm nach den Schuppen trachten.
Von Fisch zu Fisch ein guter Rat:
„Wenn's Wasser trüb ist, tauche ab!"

Die Schildkröte

Die Schildkröte Luise
läuft gern über Stein und Wiese.
Doch kann sie es nicht glauben,
man will sie stets berauben.

Ihr Körper, der so vielen schmeckt,
verborgen in ihrem Panzer steckt.
Darum muss sie sich verstecken,
dass die Köche sie nicht entdecken.
Denn eine arge Feinschmeck-Gruppe,
verspeist sie als Schildkrötensuppe.

Es muss doch wirklich widerstreben,
wie Menschen rauben ihr das Leben.
Sie sollten sie im Panzer lassen
und nicht als Suppe in den Tassen!

Der Igel

Igelein, mein Igelein,
nun igele dich doch nicht so ein!

Sehr gerne möcht‘ ich dich beglücken,
nur deine weichen Stellen drücken.

Ich kann es dir versprechen,
ich werde dich auch gar nicht stechen!

Der Maulwurf

Der Maulwurf gräbt den Garten um,
nicht oben, sondern unten.

Der Gärtner nimmt ihm das sehr krumm,
die Pflanzen liegen oben rum.
Und auch die Blumenzwiebel,
die liegen auf dem Hügel.

Jedoch auch nützlich sind die Viecher,
sie graben nach dem Ungeziefer.

Das Eichhörnchen

Ein Eichhörnchen huschte in dem Baum
flink auf und ab, es ruhte kaum.
Es war possierlich, wunderschön,
ich war erfreut, es anzuseh'n.

Doch eines Tags, ich konnt's nicht fassen,
stieg es herab, so ganz gelassen
und nicht scheu,
das war mir neu.
Es fraß mir aus der Hand,
ich fand das allerhand!

So kam es jeden Tag zu mir,
zur Futterstelle vor der Tür.

Der Maikäfer

Wir wissen vom Maikäfer,
er ist ein langer Schläfer.
Im Mai, wenn warm die Sonne lacht,
dann ist er endlich aufgewacht.

Mit ihm schlüpft auch die ganze Truppe
aus tiefem Boden aus der Puppe.
Dann fliegen wieder vielerlei
Krabbelkäfer durch den Mai!

Die Kleidermotte

Der neuste Schrei, die neuste Mode,
sind Löcher in der Garderobe!

Drum öffnet euren Kleiderschrein
und stellt darin die Lichter rein!
So frisst die Motte, was es wolle,
große Löcher in die Wolle.

Ist dieser Spleen dann abgelaufen,
könnt ihr neue Kleider kaufen.

Der Schmetterling

Ein Schmetterling, ein Flattertier,
ein Anblick, der sehr selten mir.

Die Farben, die mich sehr beglücken,
ein wahres Kunstwerk, zum Entzücken!

Er schwingt dahin von Blüt' zu Blüte,
erfreut so wonnig mein Gemüte.

Für einen kurzen Augenblick,
dann schwebt er fort, das ist sein Glück!

Denn in der Nähe, das brächt Kummer,
sitzt eine Krähe mit viel Hunger.

Mein Vogelhaus

In meinem Vogelhaus,
da geht es ein und aus.

Meise, Amsel, Fink und Star,
von Spatzen eine große Schar.
Sie kommen von nah und auch von ferne
zum Vogelhaus und fressen Kerne.

Krähen, Elstern, Spechte, Dohlen
wollen von den Körnern holen.
Nur, auf der Mauer und von Dauer,
sitzt Nachbars Kater auf der Lauer!

Jedoch die schlaue Rabenmutter,
die scheucht ihn weg vom Vogelfutter.
Die Kleinen huschen ins Verstecke
und sind geschützt in dichter Hecke.

Wieso werden im ganzen Land,
Rabenmütter nur so verkannt?
Mein Vogelhaus ist sehr beliebt,
das Jahr hindurch hat es Betrieb.

Die Spatzen

Der Spatz, der sagt zu seinem Spätzchen:
„Ich hab’ ne Meise jetzt als Schätzchen.“

„Wie bitte“, fragte seine Frau
und schirpste laut: „Du bist ja blau!“

„Verkohl mich nicht, hör’ auf zu unken,
du bist ja wieder sturzbetrunken!“

Der Specht

Was hör‘ ich klopfen hoch im Baum?
Es ist ein Specht, man sieht ihn kaum.

Die Spechtin sollte ihn erhören,
doch lässt sie schlechthin sich nicht stören.

„Soll er sich müh’n, er will mich trauen,
Holzhacken ist doch nichts für Frauen!“

So sagt sie kühn: „Wenn’s Nest mir recht,
dann zieh‘ ich ein, zu meinem Specht.“

Der Buchfink

Auf einem Buchenzweig
der auf und ab sich neigt,
da saß ein Finkenmännchen
und bracht' der Braut ein Ständchen.

Das hat dem Weibchen imponiert,
war ihm geneigt und interessiert.
Und in dem hohen Baumgeäst
da bauten sie ihr Vogelnest.

Die neuen Finken, die dann kamen,
sie trugen dann des Baumes Namen.

Der Uhu

Der weise Uhu es nicht versteht,
warum man nun alles mit ihm klebt.

Am Tage schläft er, gönnt sich die Ruh',
schließt seine Uhu-Augen zu.
Und nachts schwebt er um Busch und Haus,
im Sturzflug jagt er Has' und Maus.

Mein Name wird „verklebt", ich heule,
ruft unentwegt die große Eule.

Huu, Huu, Huu …

Der Kuckuck

Klebt der Kuckuck erst im Haus,
ist es mit dem Wohlstand aus.

Zieht er in ein fremdes Nest,
gibt er den anderen den Rest.

Hörst du ihn im Frühjahr schrei'n
soll Geld in deiner Tasche sein.

Der „Wachhund“

Von einem Wachhund kann man hören,
der lässt sich beim „Wachen“ nicht gern stören.

Sollte ein Dieb es wirklich tun
und er lässt den Hund nicht ruhn,
verzieht sich dieser lieber ganz
mit seinem eingezogenen Schwanz.

Wenn der Dieb ist aus dem Haus,
kriecht er hinterm Ofen raus.
Endlich hat er wieder Ruh‘
schließt seine „wachen“ Augen zu.

Mops und Spitz

Der Mops, der sprach zum Spitz hoch oben:
„Spring doch herab, wir wollen toben!“

Der Spitz sagte darauf mit List:
„Herunterspringen tu ich nicht,
ich bleibe lieber oben.
Dann hätt‘ ich auch ein Plattgesicht,
so eins wie deins, das will ich nicht,
da kannst du noch so toben!“

Die Katze

Die Katze hat sehr scharfe Krallen,
das kann an ihr mir nicht gefallen.
Wenn fauchend sie den Buckel zeigt,
dann halte sie dir weg vom Leib.

Wenn schnurrend kommt sie von allein
und schmiegt sich an dein Hosenbein.
Dann kannst du ihr nicht widerstehen
und schmust mit ihr im Handumdrehen.

Die räuberische Katze

Die Katze lässt das Mausen nicht,
denn Mäuse sind ihr Leibgericht.

Auch Amseln, Meisen, Finken, Spatzen
bekommt sie unter ihre Tatzen.
Vogelgezwitscher hört man kaum,
weil Katzen hängen in dem Baum.

Der Jagdtrieb, der hält sie nicht ab,
trotz Katzenfutter Kitekat.
Ein Raubtier streift durch die Natur,
von sanften Pfoten – keine Spur!

Das Eselsohr

Der Esel ist, dass wissen wir,
bekanntlich ein gemütlich‘ Tier.

Sehr vieles kann er schleppen, tragen.
Man kann mit ihm auch Brücken schlagen,
denn die berühmte Eselsbrücke
hilft oft bei der Gedächtnislücke.
Jedoch, ein falsches Eselsohr,
das kommt in einigen Büchern vor.
Da knickt es ein und ist nichts nütze,
nur dass es faule Leser stütze!

Ein Bücherfreund hasst diesen Eindruck,
ist keineswegs von ihm beeindruckt.

Wenn so einen Esel er erblickt,
der Ohren in die Bücher knickt,
den Faulpelz würde er sich holen
und ihm die Eselshaut versohlen!

Das Grautier will davon nichts hören,
es knickt sein Ohr, lässt sich nicht stören.

Die Bäume

Die Bäume begleiten uns durchs Leben,
sie können uns Licht und Schatten geben:

Unter einer Buche
ich die Reime suche.

Unter vielen Linden
werde ich sie finden.

Unter Fichten
lässt sich dichten.

Unter Lärchen
sitzen Pärchen.

Unter Akazien
sitzen Grazien.

Unter Erlen
hört man Merlen.

Unter einer Weide,
diesen Platz nur meide.

Unter Eiben
kann man bleiben.

Unter Eichen
sollst du weichen.

Unter dem Holunder
geschieht so manches Wunder.

Unter einem Birnbaum stand
Herr von Ribbeck aus dem Havelland.

Unter schön geschmückter Tanne
trinkst du Glühwein aus der Kanne.

Unter einem Apfelbaum
war für Adam aus der Traum!“

Symbolisch schmücken Lebensbäume
in den Familien die Räume.
Urahne, Ahne, Mutter, Kind,
an ihren Ästen zu finden sind.

Die Eiche

Die Eiche, ein Symbol für Stärke,
Eichenlaub ehrt Menschenwerke.

Größe, Pracht, das stellt sie dar,
als Schmuck auf unserem Geld sogar.
Auf Uniformen, Kränzen, Fahnen,
schmückt sie die Jugend und die Ahnen.
Der Baum am Wege, eine Pracht,
er stand erhaben, Tag und Nacht.
Vögel kamen, ganze Schwärme,
sie fanden Schatten dort und Wärme.
Trotzdem wollt‘ ein Mann mit Säge,
der nichts von Eichenstärke hält,
den Baum entfernen auf dem Wege,
sein Holz verkaufen für viel Geld.
Der Himmel hatte es gehört,
ein Gewitter kam mit Wut.
Des Mannes Pläne wurden zerstört
und auch noch all sein Hab und Gut.

Die Eiche blieb erhaben stehen,
es sollte ihr kein Leid geschehen.

Die Birke

In meinem Garten steht ein Baum,
ein Birkenbaum, schön anzuschauen.

Er ist so prächtig, groß und breit
und schön zu jeder Jahreszeit.
Mit Festgewand ist er bestückt,
ein leuchtend weißer Stamm ihn schmückt.
Und sein zartes Astgezweige
sich im Winde wiegt und neige.

Tagsüber, hoch in dem Geäste,
sind viele Vögel seine Gäste.
Und in der sternenklaren Nacht,
da träumen sie im Mondschein sacht.

Im Frühling in dem Maiengrün,
ist leuchtend frisch er anzuseh'n.
Im Sommer, wenn es heiß und schwüle,
er wedelt mir die frische Kühle.
Und in der schönen Herbsteszeit
glänzt er im warmen Golde weit.

Wenn's Winter wird, es schneit und friert,
Kristalle seine Äste ziert.

Der Birkenbaum, mit Laub oder nicht,
bringt mir ein Lächeln ins Gesicht.
So möge er mich lange begleiten,
in guten und in schlechten Zeiten!

MEIN BLUMENGARTEN

Die Schneeglöckchen

Die Schneeglöckchen läuten unverzagt
den Frühling ein, jetzt Tag für Tag.
Die Vögel sind schon auf der Balz,
sie zwitschern, flattern ebenfalls.

Die Blüten sprießen ohne Ende
aus Böden, Hecken … welche Wende!
Die Sonne blickt durch Wolkenbänke
wohltuend warm auf die Gelenke.

Und was am Menschen sonst noch ist,
auf Rücken, Po und das Gesicht.
Das alles, was im Winter krank,
sitzt draußen auf der Sonnenbank.

Der Lenz bringt Wonne ins „Gestühle“,
mit Lust und Freude und Gefühle.
Den Winter schicken wir nach Haus,
der Frühling macht ihm den Garaus.

Die Tulpenzwiebeln

Im Herbst kaufte ich Tulpenzwiebel
und steckte sie in einen Kübel.
Jedoch der Kübel hat ein Loch,
worin sogleich ein Mäuschen kroch.

Es schlüpft hinein, für mich ein Jammer,
fürs Mäuschen eine Speisekammer.

Im Frühjahr schaute ich dann übel,
erwartend auf den leeren Kübel.
Das Mäuschen fraß die Zwiebeln alle,
jetzt liegt es in der Mausefalle!

Die Rosen

Blühen in deinem Garten Rosen,
duftend, schöne, zum Liebkosen.
Musst sie hegen, pflegen, schneiden,
die Rose, sie ist nicht bescheiden.

Die Rose, als Symbol der Liebe,
sie treibt auch viele wilde Triebe.
Doch wenn ihr Duft dich voll erwischt,
verdufte schnell, bevor sie sticht!

Der Rosenduft

Der Rosenduft mich sehr betört,
doch gibt es etwas, was mich stört
an edlen Rosen, diesen vielen,
das sind die Dornen an den Stielen!

Der Schmerz vertreibt den Rosenrausch,
zieht mich aus der Betörung raus!
Drum pflanz‘ ich Dahlien, bunt und frisch,
sie duften auch und stechen nicht!

Die Nelke

Die Nelke steckt man an die Weste
bei Jubiläen und zum Feste.
Und je nach Feierangebot
ist ihre Farbe weiß, mal rot.

Schenkt man statt Rosen lieber Nelken,
wird die Liebe eher welken.

Auch Nelkengewürze sind zu nennen,
die wir aus der Küche kennen.
Denn so ein leckerer Sauerbraten
kann durch die Nelke erst geraten.

Die Nelke steigt uns in die Nase,
mal aus dem Topf, mal aus der Vase.

Die Zinnie

Ich male hier mit feiner Linie
auf einem Blatt die Gartenzinnie.

Hier blüht sie ständig, unverdrossen,
auch wenn sie wenig wird gegossen.

Ich bin im Zeichnen sehr bemüht,
im Garten sie noch schöner blüht!

Die Sonnenblume

Die Blume, die die Sonne trägt,
am Abend auch nicht untergeht.
Die Strahlen ihrer Blütenblätter,
sie leuchten hell bei jedem Wetter.

Sie wächst zum Himmel hoch hinauf
und Vögel sitzen obendrauf.
Denn ihre reifen Blumenkerne,
die mögen sie zum Fressen gerne.

Die Kerne werden auch gepresst,
ein feines Öl es hinterlässt.
Auch in der Backstube, beim Bäcker,
backt er das Brot, gesund und lecker.

So schmückt die Blume Feld und Garten,
nützt Menschen und den Vogelarten.
Für Sommer ist sie das Symbol,
gleicht sie der Sonne, sie tut wohl.

Die Blumenpracht

Schöne Blumen vieler Arten
wachsen bunt in meinem Garten.
Sonnenblumen und Kosmeen
sind in großer Zahl zu sehen.

Rosen sind prachtvoll dabei,
roter Mohn und Akelei,
blaue Malven und Lupinen
erfreuen Hummeln und die Bienen.

Hortensien, Zinnien und Aralien,
Lobelien, Löwenmaul und Dahlien,
ich malte alle aufs Papier,
so bleiben sie erhalten hier.
Die Blumenpracht bleibt bunt und frisch,
denn auf Papier verwelkt sie nicht.

Die Kartoffel

Im Frühjahr habe ich ins Beet
sieben Kartoffel hineingelegt.
Ich hob sie heraus am Sommertag
und war crfrcut von dem Ertrag.

Von einst mal sieben an der Zahl
vermehrten sie sich siebzig Mal.
Vom Erntesegen aus dem Garten
gibt es Gerichte vieler Arten:

Gekocht, gebraten und gestampft,
frittiert, gebacken und gedampft.
Und eine gute Kartoffelsuppe
ernährt so die Familientruppe.

Im nächsten Jahr, ich überlege,
ob hundert Stück ins Beet ich lege.
Dann gäbe es ein Platzproblem,
kaum jemand fänd‘ den Garten schön.

Blumenbeete den Garten schmücken,
Kartoffeln uns im Topf beglücken.
Ich werd das Pflanzen neu bemessen,
fürs Auge und fürs gute Essen.

Spruchsalat

Die Frauenzimmer, die bekannten,
sind nicht zum Wohnen, sondern Tanten.

Wenn das Weib die Peitsche nimmt,
rat' ich dir: Hau' ab geschwind!

Wenn man jemand aufgabelt,
muss man mit ihm auch die Suppe auslöffeln.

Mit des Messers Schneide,
bleibe mir vom Leibe.

Kommt einer reuig angekrochen,
hat man den „Braten" schon gerochen.

Das Veilchen blüht doch sehr verborgen,
jedoch am Auge macht es Sorgen.

Tierischer Spruchsalat

Steht am Wort ein „Gänsefüßchen“,
wird es seinen Sinn einbüßen.

Am „Pferdefuß“ weiß jedermann,
ist immer doch ein Haken dran.

Der „Pferdschwanz“ am Kopf,
ist die Frisur mit Zopf.

Der „Drahtesel“ ist ein Fahrrad nur,
er hat kein Fell und ist nicht stur.

Die viel gelobte „Eselsbrücke“
hilft bei der Gedächtnislücke.

Ein Mensch, mit schlechtem Ruf bekannt,
ein „Schweinehund“ wird er genannt.

Das „Hühnerauge“ an dem Zeh,
es kann nicht sehen, es tut nur weh.

Der „Hühneradler“ dreht die Runden,
am heißen Grill, so Stund‘ um Stunden.

Steckt dir oft ein „Frosch“ im Hals,
bist du dann sprachlos, jedenfalls.

Rinnt dir aus allen Poren Schweiß,
dann ist es dir doch „affenheiß“.

Der „Löwenzahn“ wächst im Wiesengrund,
beißt nicht, ist für den Verzehr gesund.

Beim „Stierblick“ schaust du unentwegt
auf einen Punkt, starr, unbewegt.

Ein Ei, gebraten, abgedeckt,
als „Ochsenauge“ es gut schmeckt.

Ein „Maulkorb“ wird, das ist kein Spaß,
nicht nur dem scharfen Hund verpasst.

Der Elefant nimmt keinen Schaden,
wenn er marschiert durch einen Laden.

Ein Krokodil nicht Tränen lacht,
wenn man aus ihm die Taschen macht.

Der Karnevalsjeck

Nun lieg' ich hier doch abermals,
verpackt mit einem Hals voll Schals.
Denn der ist heiser und tut weh,
der Husten schüttelt bis zum Zeh!

Auch das Kölner Dreigestirn,
schwingt Trommelwirbel durch mein Hirn.
Schuld daran ist Killepitsch
beim Düsseldorfer Hoppediz.

Mit „Müllers Kättsche – Ritzamba",
da fängt der Fasteloovend aan!
Und Karawane, Jecke, Funke,
Alt und Jung, die send am schunkle.
Und wenn „dat Trömmelsche dann jäät,"
ist jegliche Vernunft zu spät!

Wenn dann alles leis' verklingt,
in mir es innerlich noch singt.
Die fünfte Jahreszeit ist Brauch,
auch wenn dann weh tut Kopf und Bauch!
Helau, Alaaf, in Gottes Namen,
ein Kind des Frohsinns grüßt Euch, Amen!

Im Karneval

Im Karneval da saßen sie
am Tische fröhlich vis-à-vis.

Er trank viel Bier und sie trank Sekt,
bald er sich sehnlichst nach ihr streckt.

„Ach Mägdelein, wie schön du bist,
wie gern hätt' ich, dass du mich küsst."

„Ich möchte gern der Deine sein!"
Sie sagt nur „Prost", und meinte „Nein!

Wir sind zwar beide fast perdü',
jedoch wir bleiben schön beim Sie!"

„Fastelovend zesame“

Komm’, loss os Fastelovend fiere
und loss os richtich amüsiere!

Tröckste dich jett Jeckes aan,
e bonk Kostüm, met Fehre dran.

Singste, danste, deste lache
und völl jecke Schpökskes mache.

Kannste en der Zoch met spreenge,
all die Köllsche Liedcher seenge.

Denn wer sich Fastelovend freud,
dat hätt noch keene Minsch bereut!

DANKSAGUNG

Dieses Buch stellt eine Ansammlung von Erlebnissen und Beobachtungen aus meinem Leben und Lebensumfeld dar. Diese vielen Eindrücke verfasste ich in heitere und auch kritische Gedichte und schmückte sie mit meinen Zeichnungen aus. Hilfreich bei der Zusammenfassung der unterschiedlichen Themen waren mein Lebensgefährte Dr. Gerhard Friedhofen, sowie auch meine Töchter Ulrike und Nikola Küsters. Sie ermutigten mich, dieses Buch zu veröffentlichen.

An alle spreche ich hiermit meinen herzlichen Dank aus.

Martha Küsters

Der Erlös vom Verkauf des Buches geht zu einem großen Teil an die Jugendhilfe für Nigeria Enyemaka Ohaneze – Jugendausbildungszentrum von Dr. Oliverdom Oguadiuru in Lagos / Nigeria.